科学如此惊心动魄·地理 ④

血 戒

触摸西班牙

纸上魔方 著

吉林出版集团股份有限公司 | 全国百佳图书出版单位

图书在版编目（CIP）数据

血戒：触摸西班牙 / 纸上魔方著. 一 长春：吉林
出版集团股份有限公司，2017.3（2021.11 重印）
（科学如此惊心动魄. 地理）
ISBN 978-7-5581-2395-5

Ⅰ.①血… Ⅱ.①纸… Ⅲ.①地理—西班牙—儿童读
物Ⅳ.①K955.1-49

中国版本图书馆CIP数据核字(2017)第044436号

科学如此惊心动魄·地理 ④

XUE JIE　　　　CHUMO XIBANYA

血 戒——触摸西班牙

著　　者：纸上魔方（电话：13521294990）

出版策划：齐　郁

项目统筹：郝秋月

责任编辑：颜　明

责任校对：徐巧智

出　　版：吉林出版集团股份有限公司（www.jlpg.cn）
　　　　　（长春市福祉大路5788号，邮政编码：130118）

发　　行：吉林出版集团译文图书经营有限公司
　　　　　（http://shop34896900.taobao.com）

电　　话：总编办 0431-81629909　　营销部 0431-81629880 / 81629881

印　　刷：三河市燕春印务有限公司

开　　本：720mm×1000mm　1/16

印　　张：8

字　　数：100千字

版　　次：2017年3月第1版

印　　次：2021年11月第3次印刷

书　　号：ISBN 978-7-5581-2395-5

定　　价：38.00元

印装错误请与承印厂联系　　电话：15350686777

前 言

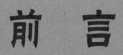

　　四有：有妙赏，有哲思，有洞见，有超越。

　　妙赏：就是"赏妙"。妙就是事物的本质。

　　哲思：关注基本的、重大的、普遍的真理。关注演变，关注思想的更新。

　　洞见：要窥见事物内部的境界。

　　超越：就是让认识更上一层楼。

　　关于家长及孩子们最关心的问题："如何学科学，怎么学？"我只谈几个重要方面，而非全面论述。

　　1. 致广大而尽精微。

　　柏拉图说："我认为，只有当所有这些研究提高到彼此互相结合、互相关联的程度，并且能够对它们的相互关系得到一个总括的、成熟的看法时，我们的研究才算是有意义的，否则便是白费力气，毫无价值。"水泥和砖不是宏伟的建筑。在学习中，力争做到既有分析又有综合。在微观上重析理，明其幽微；在宏观上看结构，通其大义。

2. 循序渐进法。

按部就班地学习，它可以给你扎实的基础，这是做出创造性工作的开始。由浅入深，循序渐进，对基本概念、基本原理牢固掌握并熟练运用。切忌好高骛远、囫囵吞枣。

3. 以简驭繁。

笛卡尔是近代思想的开山祖师。他的方法大致可归结为两步：第一步是化繁为简，第二步是以简驭繁。化繁为简通常有两种方法：一是将复杂问题分解为简单问题，二是将一般问题特殊化。化繁为简这一步做得好，由简回归到繁，就容易了。

4. 验证与总结。

笛卡尔说："如果我在科学上发现了什么新的真理，我总可以说它们是建立在五六个已成功解决的问题上。"回顾一下你所做过的一切，看看困难的实质是什么，哪一步最关键，什么地方你还可以改进，这样久而久之，举一反三的本领就练出来了。

5. 刻苦努力。

不受一番冰霜苦，哪有梅花放清香？要记住，刻苦用功是读书有成的最基本的条件。古今中外，概莫能外。马克思说："在科学上是没有平坦的大道可走的，只有那些在崎岖的攀登上不畏劳苦的人，才有希望到达光辉的顶点。"

北京大学教授/百家讲坛讲师

张顺燕

阴险邪恶，小气，如果有谁得罪了她，她就会想尽一切办法报复别人。她本来被咒语封了起来，然而在无意中被冒失鬼迪诺放了出来。获得自由之后，她发现丽莎的父亲就是当初将她封在石碑里面的人，于是为了报复，她便将丽莎的弟弟佩恩抓走了。

善良，聪明，在女巫被咒语封起来之前，被女巫强迫做了十几年的苦力。因为经常在女巫身边，所以它也学到了不少东西。后来因为贝吉塔(女巫)被封在石碑里面，就摆脱了她的控制。它经常做一些令人捧腹大笑的事情，但是到了关键时刻，也能表现出不小的智慧和勇气。它与丽莎共同合作，总会破解女巫设计的问题。

外号"安得烈家的胖子"，虎头虎脑，胆子特别大，力气也特别大，很有团队意识，经常为了保护伙伴而受伤。

主人公介绍

丽莎

胆小，却很聪明心细，善于从小事情、小细节发现问题，找出线索，最终找出答案。每到关键时刻，她和克鲁德总会一起用智慧破解女巫设计的一个个问题。

迪诺

冒失鬼，好奇心特别强，总是想着去野外探险，做个伟大的探险家。就是因为想探险，他才在无意中将封在石碑里面的贝吉塔（女巫）放了出来。

班奈特

沉着冷静，很有头脑，同时也是几个人中年龄最大的。

佩恩

丽莎的弟弟，在迪诺将封在石碑里面的贝吉塔（女巫）放出来后，就被女巫抓走做了她的奴隶。

目　录

目 录

第一章

日不落帝国

马德里的西班牙广场上，安得烈一行人环顾四周。

我们身后就是西班牙的文学大师塞万提斯的纪念碑了。

我的偶像堂·吉诃德？！他与风车怪物搏斗的故事有趣极了！

看到前面的雕塑了没？那就是大名鼎鼎的堂·吉诃德和他的仆人。

塞万提斯是哪我跟他不熟。

你的偶像就是塞万提斯用生花妙笔塑造出来的。

我们要在7天之内把血色水晶瓶和庞贝金币送到那个什么灯塔，时间紧迫，还是找个导游带路吧！

让我检查一下水晶瓶和金币还在不在……咦，这是什么？

是一张纸条，上面写着"抵达灯塔之前，必先经过上帝的曲线"。

迪诺，纸条从哪里来的？

肯定又是神秘人干的！

我也不知道。

3

绚丽的水晶宫灯、精美的地毯、华丽的墙壁装饰……太奢华了!

哇,这么璀璨的光芒,这个镜框肯定是黄金做的!

西班牙王室当年立志要把它修成欧洲最奢华的王宫。

这餐桌放眼望去都望不到头,你们西班牙王室真会享受!

是不是尽显王室的威严?

日不落帝国

西班牙是重要的文化发源地，在文艺复兴时期是欧洲最强大的国家，15世纪中期至16世纪末期时成为影响全球的"日不落帝国"。现今全世界有约5亿人使用西班牙语，西班牙语是联合国官方六大语言之一。

首都马德里是欧洲地势最高的首都，也是西班牙最大的城市，每年日照时长在欧洲各大城市中居首位。

马德里皇宫仅次于法国的凡尔赛宫和奥地利的维也纳皇宫，是欧洲第三大皇宫，是世界上保存最完整而且最精美的宫殿之一。皇宫建于1738年，26年后才完工。它呈正方形结构，每边长180米，整座宫殿奢华无比，里面藏有无数的金银器皿和珍宝级的绘画、瓷器、皮货、壁毯、乐器及其他皇室用品。

永远的堂·吉诃德

马德里皇宫的对面是西班牙广场，它的正中央立着文艺复兴时期著名的西班牙文学大师、小说《堂·吉诃德》的作者塞万提斯的纪念碑。纪念碑的下面是堂·吉诃德骑着马和仆人桑丘的塑像。

塞万提斯被誉为西班牙最伟大的作家，人们称他的小说《堂·吉诃德》是文学史上的第一部现代小说，同时也是世界文学的瑰宝之一。小说主要讽刺了当时西班牙社会上十分流行的骑士文学，并揭示教会的专横，社会的黑暗和人民的困苦，而书中带着仆人桑丘的骑士堂·吉诃德游历四方，与自己幻想的风车怪物英勇搏斗的身姿吸引了世上成千上万的读者，在不同时代、不同国家流传着。

塞万提斯最有名的作品是什么？

答：《堂·吉诃德》。

塞万提斯是西班牙最伟大的作家之一，对世界文学的影响巨大，西班牙语甚至因他而被称为"塞万提斯的语言"。

塞万提斯的作品《堂·吉诃德》达到了西班牙古典艺术的高峰，同时也是世界文学的瑰宝之一。堂·吉诃德是一个"永远前进的形象"，他是脱离实际、热忱幻想、迂腐顽固的代名词。

《堂·吉诃德》1605年出版，受到公众盛赞。很快该书又被译成欧洲的其他语言，它同时也是全世界翻译版本最多的文学作品之一。

第二章

西班牙国饭

这里有两个景致很特别，不如我们来比赛，看看谁能先找到。

咦，这块铜牌看起来很与众不同。

女生的直觉总是比男生那么一点儿——当然，我还是要差一大截！

一块铜牌有什么特别的？

LAS CARRETERAS RADIALES

Km. 0

这可是"零公里"标识，全国公路的里程碑都从这里开始计算。

熊会爬树吗？它为什么抱着大树朝上面看呀？

这是马德里的市徽，它的背后有个美丽的故事。以前马德里经常有熊出没……

啊？！

一个小孩子被熊追，急中生智爬上树，并大叫"妈妈快跑"，用西班牙语发音就是"马德里"。

原来马德里的名字是这么来的呀！

难怪会在这里立个熊抱树的雕塑。

饿了吧？那我带你们去品尝西班牙的国饭——西班牙海鲜饭。

西班牙海鲜饭听说堪称西餐中一绝！我已经迫不及待了！

现在已经下午三点多了，还能找到地方吃午餐吗？

在我们西班牙，午餐吃到傍晚五点是特别平常的事情。

米饭好像有点儿夹生……

贝洛基，你确定能吃？

对西班牙人来说，品尝食物原始的味道是一种追求。如果海鲜饭是全熟的，可能会被要求退货！

13

别吃那么快，你们闭眼慢品，会感受到地中海岸风浪的味道。

嗯……啊……太美味啦！

这比喻真特别。

你们别一直吃海鲜饭，快尝尝生火腿。

卖相绝佳的美食

西班牙美食极负盛名，其中以海鲜饭和开胃小食最为著名。

开胃小食是最能以味觉来体现当地特色的一种形式，各家酒吧与餐厅的显眼处写着最引以为傲的开胃小食。西班牙人会乐此不疲地在东家吃完，然后再到西家继续吃。这种行为充分体现了西班牙人内心狂野、奔放不愿停留的性格。而黑毛猪生火腿就是开胃小食中的一种。

西班牙海鲜饭是西餐三大名菜之一，与法国蜗牛、意大利面齐名。它卖相绝佳，饭粒黄澄澄的颜色出自名贵的香料藏红花，饭中点缀着无数虾子、螃蟹、牡蛎、鱿鱼……热气腾腾，令人垂涎。

西班牙人是夜猫子

西班牙人习惯晚点吃饭，这种习惯已经根深蒂固地扎根于这片国土。

很多游客经常觉得很奇怪，明明是正常的就餐时间，但为什么很多餐馆都没有营业。这是因为西班牙人习惯在傍晚五点钟之前吃完午餐，晚餐则在深夜进行，十点钟之前没有人会在餐馆定位子，几乎所有的餐馆都在晚上十点半至十一点之间才会摆好桌子迎接客人。即使在家里，他们也是很晚才吃午餐和晚餐。

智慧树

西班牙的
国饭是什么?

答:西班牙海鲜饭。

海鲜饭最初起源于沿海一带,当时渔民受炊具限制,常把捕捉到的鱼虾剁几下,同粳米煮在一起。

哥伦布航海时遭到飓风袭击,弃船逃生到西班牙的一个小岛上,当地渔民请他吃海鲜饭。由于连续几天又饿又累,哥伦布觉得这是一生中最美味、最丰盛的一顿饭。后来在西班牙国王举行的盛大宴会上,哥伦布说起此事。国王当即下令嘉奖小岛上的渔民,并命令宫廷御厨立即前往岛上学做海鲜饭,以后王宫里就用它招待最尊贵的客人。

从此,海鲜饭成了西班牙的"国饭"。

第三章

斗牛场

贝洛基，热情慷慨的你不会介意再来两条黑毛生猪火腿吧，我要带着路上吃！

西班牙不是著名的斗牛王国吗？你现在带我们去看看呗！

我听说西班牙人唯一准时的事情就是观看斗牛比赛。

除了斗牛节，还有惊心动魄的奔牛节。

奔牛节？是牛儿们赛跑吗？

是牛跟人的比赛！节日时每天都有6头凶悍的公牛追逐着数百名壮汉，穿城而过……

哇，那场面一定壮观极了！

大文豪海明威在《太阳照常升起》中就描写过奔牛节。

你们太幸运了——今天是11月最后一个星期日，正好有斗牛表演。

那还等什么？出发！

21

斗牛可是一项超级危险的运动。

猎猎生风的红布，狂怒的公牛，哇，我的心狂跳不止……

这场面太紧张刺激了，难怪周围的观众全都热血沸腾！

太惊险了！

23

斗牛

　　斗牛是最能代表西班牙精神的一项运动，其历史可追溯到两千多年前。人们先是以野牛为猎获的对象，而后拿它做游戏，进而将它投入战争。1743年，马德里兴建了第一个永久性的斗牛场，斗牛活动逐渐演变成一项民族娱乐性的体育活动。

　　西班牙的斗牛季节是每年3月至11月。斗牛季节里，每逢周四和周日各举行两场。如逢节日和国家庆典，则每天都可观赏。作为西班牙水平最高的斗牛表演场所，全国乃至全世界的斗牛士们都以能在马德里斗牛场表演为荣。

　　千百年来，这种人牛之战吸引着世界各地的人们，海明威这样描绘斗牛："它使人陶醉，能让人有不朽之感，能使人入迷。"

奔牛节

奔牛节的起源与西班牙斗牛传统有直接关联。据说当初要将6头高大的公牛从城郊的牛棚赶进城里的斗牛场是件非常困难的事情，某些旁观者突发奇想，斗胆跑到公牛前，将牛激怒，诱使其冲入斗牛场。后来，这种习俗就演变成了奔牛节。

西班牙一年一度的奔牛节叫"圣费尔明节"，来自世界各地的冒险爱好者每年7月6日至14日都会云集潘普洛纳这个小城，在为期9天的人与牛之间的危险游戏中尽情享受欢乐与刺激。

奔牛时，上万名奔牛爱好者挤满了街道，重约500千克的公牛从牛棚冲出后，在4分钟内以24千米的时速在杂乱的人群中狂奔，时常人仰牛翻，险象环生，最后公牛被引进斗牛场才算大功告成。

可以在街头巷尾互扔番茄的是什么节？

答：番茄节。

番茄节又称西红柿节，是西班牙闻名世界的传统节日。

番茄节最早开始于1945年，一个乐队从市中心吹着喇叭招摇过市，领头者更是将喇叭翘到了天上。这时一伙年轻人突发奇想，抓起西红柿向那喇叭筒里扔，互相比试看谁扔得准，这就是"番茄大战"的由来。

每年8月的最后一个星期三，来自世界各地的游客和当地民众聚集在布尼奥尔，用西红柿做武器展开激战，整个市中心变成了"西红柿的海洋"。

狂欢的人们抓起"红色子弹"，开心地向身旁熟悉或陌生的人们砸去，直到"弹尽粮绝"。

第四章

毕加索的名画

看来我很快就会成为一位超现实主义的绘画大师，我的空想能力可是无人能及！

你那叫幻想！

米罗的空想世界非常生动，他是超现实主义绘画的伟大天才之一。

快来，这就是毕加索如雷贯耳的名画《格尔尼卡》了。

毕加索真是个天才，画面里没有飞机，没有炸弹，但残暴、恐怖、绝望的气氛却无处不在。

画面表现的是1937年德国空军疯狂轰炸西班牙小城格尔尼卡的情景。

你能看懂？我看到的只是支离破碎的方块……

德军三个小时的轰炸，炸死炸伤了很多平民百姓，使格尔尼卡化为平地。

你们人类的战争真残酷！

这幅杰作是警示战争灾难的文化符号之一，也使格尔尼卡的悲剧永留在了人类伤痕累累的记忆中。

毕加索是位多产的画家，据说他的作品近37000件。

说得对，油画、素描、版画应有尽有。

那他一定是个大富豪！我也要做画家！

画家大都穷困潦倒，那个画《向日葵》的画家凡·高一直过得很狼狈。

啊？这么惨！那我还是不做画家了！

你的理想变得可真快！

33

那可不一定！毕加索的一生就辉煌之至，他是有史以来第一个看到自己的作品被收藏进卢浮宫的画家。

毕加索的名画里曲线确实很多，可是到底什么才是上帝的曲线呢？

丁零零

他们好像是冲着我们来的。

我记起来了，那个戴鸭舌帽的是飞戈！

琴魔？！他怎么阴魂不散啊！

糟糕！我链不见了！

那个飞戈好过分，竟然诬陷我们！

为了让警察们相信我们对毕加索的名画只有仰慕，我们足足费了三个小时！

克鲁德的项链是找到血戒的唯一线索，一定得找回来！

那个飞戈早就逃得无影无踪了，怎么追？

马德里的博物馆

除了索菲亚王后国家艺术中心，马德里的普拉多博物馆同样闻名，收藏众多，被认为是世界上最伟大的博物馆之一，其中最著名的藏品要数委拉斯开兹的名画《宫女》。毕加索的名作《格尔尼卡》最初也收藏在普拉多博物馆，后来为了更便于参观者欣赏这幅面积过大的画，它被移到了索菲亚王后国家艺术中心。

委拉斯开兹是西班牙最伟大的肖像画大师，1623年起担任宫廷画师。他善于表现人物的性格特征，笔触自然，色彩明亮。

天才画家毕加索

　　20世纪是属于毕加索的世纪。在这个世纪没有一位艺术家能像毕加索一样，画风多变而人尽皆知。毕加索的盛名，不仅因他成名甚早和留下了《亚威农的少女》《格尔尼卡》等传世杰作，更因他丰沛的创造力和多姿多彩的生活，他留下了大量多层面的艺术作品。毕加索完成的作品多达八万件，除油画、素描之外，也包括雕刻、陶器、版画、舞台服装等。

　　1973年，在毕加索过世之后，世界各大美术馆不断推出有关他的各类不同作品的回顾展，有关毕加索的话题不断，而且常常带有新的论点。1999年12月，法国一家报纸进行的一次民意调查中，他以40%的高得票率当选"20世纪最伟大的十个画家"之首。

和毕加索齐名的画家是谁？

答：米罗。

米罗是和毕加索齐名的20世纪超现实主义绘画大师之一。

米罗从小性格内向，腼腆寡言，他的父母并不认为他能有什么出息，而学校教员对他的印象是"罕见的愚鲁"。米罗后来离开家乡，前往世界艺术之都巴黎。这位贫穷的无名画家在巴黎几乎天天挨饿，幸运的是他认识了已经出名的毕加索，并得到了毕加索的接济。

从1930年起，米罗的作品定期在纽约等城市展出，成为超现实主义的领袖人物，在美国有很大影响。他的作品形象地表达了人类最强烈的感情，如爱、恨、恐惧等。

第五章

阿拉伯人的宮殿

看来飞戈他们已经洞悉了小精灵项链的秘密。

我们现在该怎么办？咦？好奇怪，这金币和水晶瓶……

很像一个路标！

反正现在也没有别的线索，不如我们就循着这个路标的方向找找看！

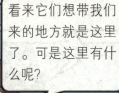
看来它们想带我们来的地方就是这里了。可是这里有什么呢？

你们看，山顶有一座很恢宏的建筑。

那就是西班牙的阿尔罕布拉宫，是中世纪摩尔人在西班牙建立的格拉纳达王国的王宫。

别管那么多了，我们进去看看！

我听说过，是摩尔人留存的古迹精华，有"宫殿之城"和"世界奇迹"之称。

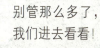

这座宫殿有独特的含义，它是西班牙最后收复的失地。

你知识好渊博！的确，当年伊莎贝拉女王就是在这里结束了阿拉伯人在西班牙长达800年的统治。

阿拉伯人留下的这座建筑真神秘！

就是她！从此，统一的西班牙开始了它在全球范围内最大规模的扩张时期。

伊莎贝拉女王？就是助哥伦布发现新大陆那位女王？

这里面有好多倒影!

立柱、高塔、回廊外墙的图案……

我仿佛身处圣地……咦,倒影里怎么还有人影?

是不是你自己的倒影?

是飞戈!还有贝吉塔!

你们的水晶瓶和金币也太神奇了吧,竟然能追踪小偷的踪迹?!

45

阿拉伯园林的巅峰

阿尔罕布拉宫在阿拉伯语中是"红色之城"的意思，中世纪时这里曾经住过几千人：阿拉伯国王、成百上千位美丽的女人、高官大臣，以及负责他们生活起居的工匠和仆人。15世纪最后一位君王在这里将城门钥匙交给西班牙的女王伊莎贝拉，正式结束了阿拉伯人在西班牙长达800年的统治，这里也是西班牙国王最后收复的"失地"。

阿尔罕布拉宫的后花园是整个建筑不可忽视的一部分，与宏伟的建筑群共同成为一个整体。阿尔罕布拉宫的花园几乎体现了伊斯兰园林的所有特点。玫瑰、柑橘，以及其他由摩尔人带到这里的野花、野草，塑造了阿尔罕布拉宫独特的自然环境。在阿尔罕布拉宫中，阿拉伯人最偏爱的几何元素也被演绎到了极致。

阿拉伯艺术

　　格拉纳达是与之同名的格拉纳达省的首府，由于这里曾是阿拉伯人在伊比利亚半岛上（今西班牙和葡萄牙）最后一个王国的首都，格拉纳达因此而成为具有伟大象征意义的城市，有许多阿拉伯的建筑遗迹，其中最出名的就是阿尔罕布拉宫。8至16世纪，阿拉伯人修建了大量清真寺、宫殿和城堡，为西班牙留下了独特的阿拉伯艺术。

　　15世纪，阿拉伯人统治下的格拉纳达的陷落具有重大意义。它结束了阿拉伯人在伊比利亚半岛800年的统治，解除了内部的纷争，统一的西班牙开始了它在全球范围内最大规模的扩张时期，伊莎贝拉女王资助哥伦布到达了美洲。随后开始了西班牙在美洲的殖民时代，使得西班牙帝国成为此后数百年世界最大的帝国之一。

资助哥伦布发现
新大陆的女王是谁？

答：伊莎贝拉女王。

哥伦布可谓家喻户晓，却很少有人知道，敢于为他那遭人非议的航海计划承担风险，并鼎力支持他的女王伊莎贝拉。

伊莎贝拉是国王的长女，国王死后王储继位。王储昏庸骄狂，很快被贵族们废除。伊莎贝拉年仅11岁的弟弟继位，却不幸遭到毒手送命。从此西班牙内战不断，处于风雨飘摇之中。

伊莎贝拉临危受命，在她的努力下，西班牙的国力逐渐增强。

1491年年底，女王率军征服了格拉纳达，从此结束了阿拉伯人在西欧的统治，完成了历代君主梦寐以求的统一大业。

第六章

密室惊魂

原来你身怀绝技，胡乱砍都这么准！

哎哟！

丽莎，真有你的，然判断出倒影的主是在这个房间！

有本事自己来拿！

赶紧把项链还我！

思想不及格，总比没思想好！

别跟他们废话了！速战速决！

快把项链还给我！否则我就要喊破喉咙了！

咦？他们明明占了上风，为什么却逃走了？

这两位还挺有自知之明的，知道我一出手他们就惨啦！

你们说这两面墙壁在合拢？这可不是闹着玩的！

快想办法呀，我快撑不住了！

你们赶紧侧过身体来，我们在墙的夹缝里朝着门的方向移动！

大家摊开双手，各自撑住一面墙壁，尽量减缓墙壁合拢的速度！

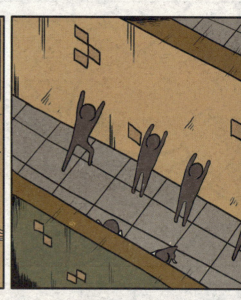

惨啊！我只能像螃蟹一样横着走啦！

没时间了，我们赶紧打开门逃出去！

可恶！有人在外面把门反锁了！

这下完了！我会第一个被压成比萨饼！

们不是认识伊莎贝女王和那个哥伦布？赶紧求救啊！

你以后还是多读点儿历史吧！

第一个到达美洲的欧洲人

　　哥伦布出生于意大利，一生从事航海活动，是第一个到达美洲的欧洲人。他相信地球是圆的，在西班牙女王伊莎贝拉的鼎力支持下，哥伦布在1492年到1502年间先后4次出海远航，开辟了大西洋到美洲的航路，他也因此成为名垂青史的航海家。

　　哥伦布先后到达巴哈马群岛、古巴、海地等岛屿，考察了2000多千米的海岸线，认识了巴拿马地峡，发现和利用了大西洋低纬度吹东风，较高纬度吹西风的风向变化。

　　哥伦布为了实现自己的航海计划，到处游说了十几年。他曾经先后游说过西班牙、葡萄牙、英国、法国，但都被拒绝。

慧眼独具的女王

西班牙女王伊莎贝拉慧眼识英雄，鼎力支持并赞助哥伦布的计划，她还促进了西班牙的统一。

1492年8月3日，哥伦布受西班牙女王派遣，率领三艘百十来吨的帆船，从西班牙巴罗斯港扬帆出大西洋，直向西航去。经七十个昼夜的艰苦航行，1492年10月12日凌晨哥伦布终于发现了拉丁美洲的陆地。

西班牙在美洲的殖民时代开始了，西班牙从各大洲源源不断地获取黄金，国力不断增强，西班牙帝国成为此后数百年世界最大的帝国之一。随着航海技术日渐发达，西班牙还建造了著名的海上无敌舰队，最盛时舰队有千余艘舰船，横行于地中海和大西洋。

智慧树

迪诺没听说过

女王和谁？

答：哥伦布。

《马可·波罗游记》形容中国的宫殿是用纯金做顶，地面和窗户也都用黄金铺设。这些传说在当时的欧洲被广为流传，激起人们无限遐想，哥伦布对此也深信不疑。他先后向葡萄牙、西班牙、英国、法国等国国王请求资助，但因为当时很多人对地圆学说不以为然，所以他被当成了江湖骗子。直到后来哥伦布遇到慧眼独具的伊莎贝拉女王。

哥伦布的远航是大航海时代的开端。新航路的开辟，改变了世界历史的进程。

第七章

有趣的城市

历史已经不重要了，我们很快就要变成肉饼了！

我们很快就会听到自己的骨头被压爆的声音了！

大家别灰心，一定会有办法的！

我快喘……喘不过来气了……永别了，我亲爱的朋……朋友们……

不要啊！

女巫不知道搞了什么鬼，我的魔法施展不出来了……难道我们只能在这里眼睁睁等死？

我用力把墙壁往两面推！你们赶紧出来！

莫特，你来得可真是时候！

轰隆隆……

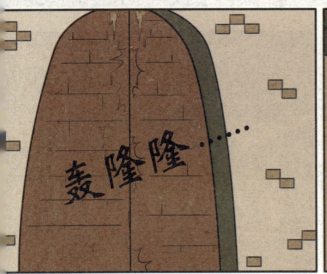

我出去之后，无论如何也得减几斤下来！不，十几斤！

赶紧跟我走！我的坐骑萨尔汗已经被派去跟踪飞戈他们了！

劫后余生的感觉真好！这是什么声音？好欢快悦耳。

是风琴声——塞维利亚的街头，不时会有街头艺人上演各种精彩的节目。

这座城市街头巷尾到处是挂满果实的橘子树，街边鲜花烂漫，真美！

我还听到了马车清脆的马蹄声……

63

拜伦的《唐璜》中说，塞利亚是一座有趣的城市，里最出名的是橘子和热情客的西班牙女郎。

萨尔汗给我传出的信号就是从这里发出的，不过具体地点我们需要四处找找看。

塞维利亚真是个让人看一就会爱上的城市。莫特，确定飞戈他们逃到了这里？

你们闻到各色美食扑鼻的香气了没？

那是雪利酒的清香。

哇，这酒的味道太诱人了！

有没有搞错？！酒鬼比吃货还不可救药！

小精灵快出来，我们得赶紧去找项链！

老酒保娴熟地拿起纯银制成的取酒器，从身后的黑色木桶中取出一提雪利酒，然后如斗牛士般华丽转身。

看来它不喝上几口雪利酒是不会离开的，我们跟进去看看吧！

雪利酒，我来啦！

花园城市

　　塞维利亚是西班牙唯一有内河港口的城市，至今仍保留着古城风貌，这里有罗马式、哥特式、巴洛克式及文艺复兴式的建筑和花园，享有"花园城市"的称号，加上自然风光秀丽，每年都吸引了成千上万的游人。

　　塞维利亚是享誉世界的名酒雪利酒的出产地，文学巨著《堂·吉诃德》就写于该城，除此之外，塞维利亚还以其特有的民族特色闻名世界，这里有优美的吉卜赛音乐、热情奔放的弗拉明戈舞。

雪利酒

    西班牙和法国、意大利并列为世界三大葡萄酒生产国。西班牙的葡萄酒品种众多，以雪利酒最为出名。雪利酒可称为西班牙的国酒，是一种酿造方法独特的加强型葡萄酒，与弗拉明戈、斗牛一样，是体验西班牙必不可少的环节，也是西班牙生火腿的绝配。当前，世界许多国家都已仿制雪利酒，但酒质仍以西班牙的最佳。

    雪利酒是待客的佳品和地位尊贵显赫的象征。雪利酒的酿造法与一般白葡萄酒大致相同，但也有其独到之处。

智慧树

谁说塞维利亚是一座有趣的城市？

答：拜伦的《唐璜》。

拜伦是英国的天才诗人，他的巨著《唐璜》包罗万象，弹出了最震撼心灵的调子。诗人歌德赞美《唐璜》是彻底的天才的作品，愤世到了不顾一切的辛辣程度，温柔到了优美感情的最纤细动人的地步。

叙事长诗《唐璜》气势宏伟，意境开阔，见解高超，在英国乃至欧洲的文学史上都是罕见的。《唐璜》称塞维利亚是一座有趣的城市，最出名的是橘子和热情好客的西班牙女郎。

遗憾的是《唐璜》并未完成，拜伦就英年早逝，终年只有36岁。

第八章

弗拉明戈

果然又有路标显示了。好像是指向那座教堂。

你们不是有两样会显示路标的宝贝吗？拿出来看看。

那是塞维利亚大教堂，哥伦布的陵墓就在里面。

怎么哪里都哥伦布呀？

哥伦布首次启航的地方就是塞维利亚，所以把他安葬在这里是理所当然的事情。

这座城市是当年哥伦布扬帆出海发现新大陆的起点，也是拜伦的《唐璜》的故事发生地。

令人心动的西班牙弗拉明戈舞蹈表演即将开始!

不就是舞蹈表演吗? 有什么可看的? 我们还是赶紧去寻找项链吧!

西班牙人以能歌善舞著称于世, 而弗拉明戈就是与斗牛并称为西班牙两大国粹的民族精华。

跟斗牛齐名? 哇, 那我可要好好看看!

71

73

这些公牛的牛角好像被磨过了，它们个个眼睛血红！

哈哈，史上最精彩的斗牛表演即将上演。

用尽你们的全力往前奔跑吧！为了彻底激怒这些公牛，我可是费了不少心思！

弟弟!

佩恩,你快跑啊!

危险,你们两个快松手!这些公牛已经疯了!

安得烈!

弗拉明戈

　　以热情奔放著称的弗拉明戈是世界艺术舞台上最耀眼的一抹红色，被誉为"西班牙人的骄傲"。它与斗牛并称为西班牙两大国粹，它融合了印度、犹太、阿拉伯及拜占庭的元素，形成了弗拉明戈豪放不羁、激情洋溢的绚丽舞姿和独特风情。

　　弗拉明戈是集歌、舞、吉他演奏为一体的一种独特的艺术形式，表演时必须有吉他伴奏，并有专人在一旁伴唱。舞台上的踏板声，随着节拍动人心弦。

　　弗拉明戈艺术家到世界各地演出，将这种独特舞蹈的风采在世界各地展现。它宛如一抹火焰，经久不息地撩拨着人们的心弦，让人久久不能忘怀。

塞维利亚大教堂

　　塞维利亚大教堂是世界上最大的一座哥特式建筑，西班牙第一大的天主教教堂，也是世界第三大教堂（排在梵蒂冈的圣彼得大教堂和意大利的米兰大教堂之后）。塞维利亚大教堂建于15世纪初，原来是清真寺，后来改建成天主教教堂。从1402年开始，经过百余年的修整，融合了伊斯兰风格、哥特式风格和文艺复兴样式的装饰。

　　大教堂由五座哥特式殿堂组成，包括王室座堂、主礼拜堂、大教堂博物馆等，殿堂之间以交叉的宽广的回廊相连。

与斗牛并称为西班牙两大国粹的是什么？

答：弗拉明戈。

弗拉明戈是集歌、舞、吉他演奏为一体的艺术形式，随着音乐表现的变化，舞者的肢体表现也随之哀凄、欢愉，表现灵魂最深处的感受。

"弗拉明戈"一词源自阿拉伯文的"逃亡的农民"。吉卜赛人从北印度出发，几经跋涉，来到西班牙南部，带来了一种混杂的音乐。这种乐舞融合了印度、犹太、阿拉伯及拜占庭的元素，后来又注入西班牙南部的养分，通过居住在西班牙的吉卜赛人而扬名世界。

弗拉明戈不仅是一种艺术形式，更代表着慷慨、狂热、豪放和不受拘束的生活方式。

第九章

上帝的曲线

为了你们我豁出去了……喂，赶紧过来救援啊！

可恶的公牛！我打死你！

小心啊！

我没事，只是被擦伤了。

姐姐，血！

人牛大战果然精彩绝伦！哎哟，谁在撞我的屁股？！

哈哈，太好看了！真过瘾！

我最不喜欢牛了……保重！先走一步了！

地面上怎么有道蓝光?

我的项链?!

死里逃生后,觉得这塞维利亚大教堂格外金碧辉煌,简直是上帝的建筑。

你刚才说什么?上帝的建筑?

你怎么语无伦次?不会还沉浸在刚才斗牛的兴奋中吧?

我知道"上帝的曲线"是指什么了！我们立即去巴塞罗那，那里有高迪的建筑！

拜托……你能不能先……松开我再说话……

高迪的建筑跟曲线有什么关系？

高迪对"上帝的线"具有非凡的解，而这一点在他建筑中得到了充分体现！

你怎么不早说？

我这不是刚想起来嘛！

原来斗牛可以让你热血沸腾，思维敏捷！

84

石块墙面竟然呈现波浪状，而且每一个波浪的弧度都不相同。

这就是高迪建筑作品中的一个。怎么样？是不是很震撼？

看来是在海上乘风破浪的感觉给了他灵感。

这个高迪竟然能用石块建造成如此精美的造型，难怪贝洛基说这是属于"上帝的曲线"。

高迪的建筑作品是巴塞罗那最耀眼的明珠，随处可见，这只是其中一个而已。

欧洲之花

　　巴塞罗那位于西班牙东北部的地中海岸，是西班牙第二大城市，也是最大的工业中心，具有重要的经济地位。这里气候宜人、风光旖旎、古迹遍布，素有"伊比利亚半岛的明珠"和"地中海曼哈顿"之称，又被称为"欧洲之花"。

　　带有哥特式风格的古老建筑与高楼大厦交相辉映，共同构成了巴塞罗那令人迷醉的天际线。格局凌乱的小巷子紧贴着新城区的边缘，古色古香的旧城区里会忽然冒出工业时代的烟囱，在巴塞罗那，这一切的不协调看起来都顺理成章。而巴塞罗那最大的骄傲，就是天才建筑师高迪的杰作。

上帝的曲线

米拉公寓被列为世界文化遗产，是高迪在1906年为商人米拉建造的住宅。它位于一个街角处，面向街心的三个墙面连在一起，形成一个风格独特的弧形面。借助海上波浪给予的灵感，高迪使得流线型的石块墙面呈波浪状，上面镶嵌着铸铁的阳台栏杆。外墙的每一个波浪的弧度都不相同。仔细观看，那些贴着彩色瓷片的墙壁、雕刻复杂的窗棂、极具创意的铁艺，无不展现高迪对"上帝的曲线"的非凡理解，令人赞叹。

巴塞罗那最耀眼的明珠是什么？

答：高迪的建筑。

一个人，因为一座城市而成就永恒；一座城市，因为一个人而熠熠生辉。高迪和巴塞罗那，一个是被誉为"上帝的建筑师"的天才，一个是被世界建筑界公认为将古代建筑和现代建筑完美结合的城市。巴塞罗那是高迪作品的露天博物馆，也因为高迪和他的建筑而吸引了世界的目光。

高迪从小就对建筑感兴趣，做铁匠的父亲用辛苦所得供他完成了建筑学校的学业。此后，高迪的一生便与巴塞罗那紧密相连。

高迪认为"曲线属于上帝"，他的建筑想象大胆，设计巧妙，给后人留下了无与伦比的视觉享受。

第 十 章

没有直线的教堂

你的意思是在巴塞罗那有很多高迪的建筑？

巴塞罗那是属于高迪的城市，到处都可以看到高迪的作品。

一座城市因为一个人而熠熠生辉？

这个高迪真是个鬼才建筑师！

老办法……一座建筑一座建筑地查找。

神秘人说的"上帝的曲线"到底是指高迪的哪座建筑呢？

莫特，你是不是伤得很严重？你怎么愁眉不展的？

我没事。

那你在为什么事情担心？

距离困住邪恶之神的法术重启的时间还有两天了，血戒却依旧毫无音信。

距离我们把血色水晶瓶和庞贝金币送到灯塔的期限也是两天……

这两件事情之间一定有某种关联！

93

蜥蜴?!

乍听之下你可能会觉得很恐惧，但这只蜥蜴却很特别。

它特别在哪里？

每当大雨滂沱时，蜥蜴的嘴中就会喷涌出水流，显得特别可爱。

原来是用瓷砖拼贴出来的蜥蜴啊！

那叫幽默感好不好！

你直接说不就得了，为什么要吓唬我们？

鬼才高迪

有人说高迪的建筑疯狂，有人说他的设计前卫，高迪令巴塞罗那这颗半岛明珠更加光彩夺目。他的建筑作品有七件被列入世界文化遗产，这在全世界是绝无仅有的奇迹。

纽约新的世贸中心设计灵感也来自于高迪的手稿，而巴塞罗那这座城市甚至被命名为"高迪之城"，城市的旅游宣传口号就是"高迪之旅"。

高迪以自己一个人的力量，成就了一座建筑艺术之城，他把建筑与艺术、自然合体，其建筑的最大特点是：没有直线。人们称呼高迪是"上帝的建筑师"。

高迪设计的巴特罗之家

圣家族大教堂

　　圣家族大教堂是世界上唯一的仅仅完成二分之一即被列入世界文化遗产的建筑。它是一座象征主义建筑，共有三个立面，面向东、西、南方，分别描绘出基督诞生、基督受难和象征上帝的荣耀。在耶稣诞生门的一面，基本都是高迪亲自监督雕刻的雕塑，整个石雕群浑然天成，人物造型生动，罗衣轻纱的轻盈质地，让人难以相信竟是用石材表现出来的。

　　教堂的墙面主要以当地的动植物形象作为装饰，正面的三道门以彩色的陶瓷装点而成。整个建筑华美异常，令人叹为观止，是建筑史上的奇迹。现在这里已经成为一间小型的博物馆，里面陈列着高迪的相片及生平介绍。

哪座建筑物未完工却已经闻名遐迩?

答：圣家族大教堂。

圣家族大教堂几乎耗费了高迪毕生的精力，直到他去世时设计还没有全部完成。在他生命的最后12年里，高迪闭门谢客，专心致志地投入了圣家族大教堂的设计中。

圣家族大教堂是高迪这位天才设计师心血的结晶，也是他荣誉的象征。时至今日，圣家族大教堂依旧没有完工。尽管如此，却丝毫无损于它成为世界上最著名的景点之一。

高迪这位天才建筑师，给巴塞罗那带来了包括圣家族大教堂在内的一系列出人意料的独特建筑，难怪巴塞罗那被称为"高迪之城"。

第十一章

史前人的洞窟

有眼光！它其实是屋顶的边缘，高迪却把它设计成了曲折的座椅。

哇，这是世界上最长的椅子了吧？

单人座、双人座、多人座……真是应有尽有！

贝洛基，你确定高迪不是外星人？

你都嘟囔了几十遍了！

看起来很坚硬的座位，坐起来好舒服啊！

这些椅子的弧度都是高迪精心考量过的，让坐的人备感舒适。

么多柱子竟然没一根是直的?

哇，这些柱子太有趣了！

像不像到了原始森林?而这些柱子是倒挂的老树树干?

我倒觉得更像一幅画。

却出现了几条曲线……看起来很像地图。

这个高迪对曲线的热爱简直到了疯狂的程度！咦，我的项链……

原来这些弯的柱子就是秘人要我们找的"上帝曲线"。

项链上原来的图案不见了！

这幅画我好像在哪里见过……

难道有人住在这里？

咦？这里有很多可以用来烧烤的石灶。

石窟的四壁和洞顶画了好多动物画像。这是马，那是小鹿……

贝洛基，你上蹿下跳的做什么呀？

我在找一幅壁画……就是你项链上显现的图案。

我们不打招呼就闯入别人的家，还到处翻找，不太绅士吧？

没办法跟主人打招呼了，因为他们已经离开一万多年了。

你说什么？！

这些岩洞是史前人类活动的遗址，在11000—17000年前已有人居住。

想不到史前的人们绘画技术已经如此高超了。

这么多年过去了，这些壁画竟然还保存得这么完好。

我找到了，就是这幅画。

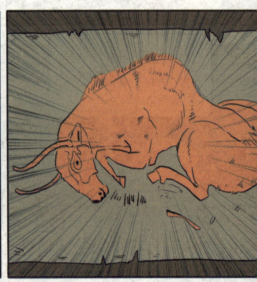

果然毫无分别！

小精灵，这幅画的确和你项链上新出现的图案一模一样。

这头野牛是不是伤了？它看起来苦不堪。

我是不是出现了幻觉?

不是幻觉!地面上多出了一个盒子!

赶紧打开看看!

血戒?！

奎尔公园

　　用瓷砖碎片、玻璃碎片和粗糙的石块，创造出最华丽的姿态，这应该是高迪杰作奎尔公园的最佳写照。公园里别出心裁的建筑物让人惊叹不已，回味无穷：公园入口处两座包覆着亮丽釉彩的房屋，宛如童话世界的糖果屋；全世界最长的椅子，带着如同蕾丝的绲边儿，创造出丰富的视觉感受，打破了人们对公园长椅的印象；随处可见的如同自然洞穴似的斜柱高架廊，有些甚至分为上下两层，均可走人。廊柱都为斜立，看似随时将会倾覆，却已坚固屹立了近一个世纪。

阿尔塔米拉洞窟岩画

在西班牙境内有很多史前洞窟壁画，其中最有代表性的，是阿尔塔米拉洞窟。

阿尔塔米拉洞窟岩画是1万多年前旧石器时代晚期人类留下的遗迹，是旧石器时代晚期人类发展史上最具代表性的艺术瑰宝。它是1879年由一位西班牙工程师偶然发现的。由于壁画中描绘的动物太生动了，前所未见，所以当工程师将它公之于世时，考古界以为他是在造假惑众。

壁画的颜色主要由天然矿物颜料的红、黑、黄褐三色组成，间或有白色。动物形象则有站、卧、跑、叫等，千姿百态，十分逼真。史前人类用细腻的手法画出了各种各样的动物的鬃毛，又巧妙利用岩洞内凹凸不平的墙壁表现动物的形态，产生惊人的艺术效果。

世界上最长的椅子，
位于哪里？

答：巴塞罗那奎尔公园。

奎尔公园原本是奎尔伯爵委托高迪设计的花园城。出身牧羊人的奎尔在美国赚取了万贯家财，荣归故里，获得伯爵称号。伯爵想在0.2平方千米的土地上，建造60栋花园洋房。但由于离市区太远，这个创意无疾而终，却让奎尔公园横空出世。

奎尔公园反复用动物、植物、岩石、洞穴等主题，将建筑、雕塑、色彩和大自然融为一体。即使没有其他建筑，单单这座公园就足以让高迪名垂青史。

奎尔很欣赏高迪的才能，一直是高迪的支持者。虽然公园当时投资巨大，却使伯爵的名字名扬海外。

第十二章

大力神的灯塔

我闻到了大海的味道。

我们现在已经位于西班牙最西北部的拉科鲁尼亚，它濒临大西洋。

西班牙的足球运动员可是群星璀璨！

拉科鲁尼亚？我最喜欢的西班牙皇家马德里足球俱乐部不就是在这里吗？！

著名的足球俱乐部球队众多，可不只你钟情的这一个！如我最痴迷的巴塞那足球俱乐部……

见线怎么突然变得模糊起来?

起海雾了……你们看到前面的灯光了没?

你们终于来了。

你是谁?

我认识这双眼睛!他就是那个神秘人!摘下了面具的神秘人!

111

你到底是谁?

我是大力神的后人。千百年来,血戒一直被秘密保管在这座大力神的灯塔里。

可是血戒明明是在史前人的洞窟里找到的。

后来因为叛徒告密,我的祖先不得不把血戒秘密转移……

小精灵你难道还不明白?你们精灵家族和大力神家族,就是血戒共同的守护者!

对呀,你为什么要大费周折,搞出那么多事情来?

转移就转移呗,你自己去新地点把血戒找出来不就得了?!

还剩最后五分钟了，我们要抓紧时间！

小精灵，快抓住我！

好险，差点儿被摔成平面的了！

你们快看海面……

是邪恶之神的手下！他打算做垂死挣扎了！

我负责掩护，你们立即恢复血戒的法力！

115

好恐怖的声音！让人毛骨悚然！

我竟然没事？

好险！再晚一秒钟，邪恶之神就要成功突围了！

刚才差点儿被飓风卷走了！幸亏我是重量级人物！我郑重决定：再也不减肥了！

邪恶之神被围困了！

117

群星璀璨

西班牙足球俱乐部众多，比如皇家马德里足球俱乐部、巴塞罗那足球俱乐部、皇家拉科鲁尼亚体育足球俱乐部，其中巴塞罗那足球俱乐部是世界上最著名的足球俱乐部之一。

西班牙最著名的球队是荣膺2012年度最佳球队的西班牙国家男子足球队，被《世界足球》杂志定义为历史缔造者，连夺三次国际大赛冠军的斗牛士军团取得了空前的辉煌。西班牙国家男子足球队是由皇家西班牙足球协会创立，世界豪门强队之一。

而西班牙的足球甲级联赛是西班牙最高等级的职业足球联赛，也是欧洲乃至世界最高水平的职业足球联赛之一，在球迷们心中有巨大的号召力，很多世界著名球星都是成名于西甲联赛。

大力神的灯塔

　　埃库莱斯灯塔是一座建于古罗马时期并至今仍在使用的灯塔，迄今已有约1900年的历史。灯塔塔高55米，屹立在西班牙拉科鲁尼亚附近的一个半岛上。2009年6月27日，联合国教科文组织世界遗产委员会将埃库莱斯灯塔列入《世界遗产名录》。

　　千百年来，关于埃库莱斯灯塔的起源流传着许多神话，其中最著名的一个是古罗马神话：大力神埃库莱斯杀死了有三个身躯的巨人之后，将巨人的头颅和武器埋葬，叫人们在这上面建立一座城市，海边屹立一座灯塔。这座城市就是拉科鲁尼亚，而灯塔就是埃库莱斯。

西班牙的什么比赛群星璀璨？

答：足球。

西班牙足球甲级联赛是世界最高水平的职业足球联赛之一，在中国一般简称为"西甲"。西甲成立于1928年，是培养足球先生和金球奖的摇篮，有"明星联赛""先生联赛"之称。著名球星罗纳尔多、梅西、齐达内，都是因为西甲而成名。

西甲联赛注重技术和进攻，具有很强的观赏性。世界所有顶级球星都渴望在西甲联赛中出现。西甲在球员和球迷的心中有强大的号召力，多位欧洲及世界足球先生都成名于西甲联赛。